# mamá

mamma

# papi

pappa

# niño

pojke

# niña

flicka

# 1

uno



# 2

dos

# 3

tres



# 4

cuatro

# 5

cinco

fem

# 6

seis

sex

# 7

siete

sju

# 8

ocho

åtta

# 9

nueve

nio

# 10

diez

tio

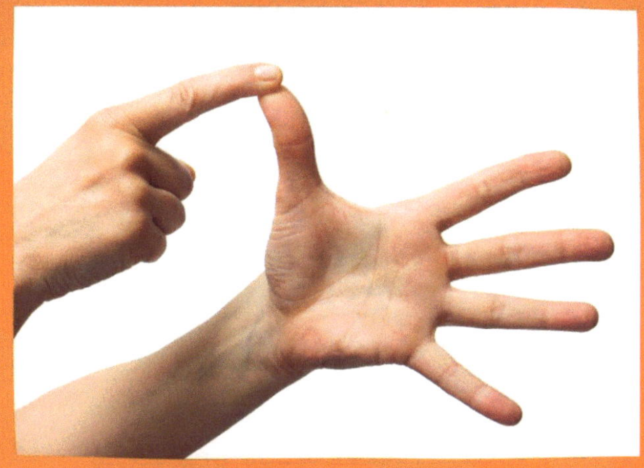

**contar**

räkna

**escribir**

skriva

**dibujar**

rita

**pintar**

måla

**círculo**

cirkel

**cuadrado**

kvadrat

**rectángulo**

rektangel

**triángulo**

triangel

**estrella**

stjärna

**negro**

svart

**blanco**

vit

**marrón**

brun

**rojo**

röd

**azul**

blå

**amarillo**

gul

**verde**

grön

**morado**

lila

**gris**

grå

**naranja**

orange

**rosa**

rosa

**manzana**

äpple

**plátano**

banan

**piña**

ananas

**sandía**

vattenmelon

**pera**

**päron**

**uvas**

**vindruvor**

**mango**

**mango**

**melocotón**

**persika**

**fresa**

jordgubbe

**cereza**

körsbär

**naranja**

apelsin

**coco**

kokosnöt

**limón**

citron

**seta**

svamp

**maíz**

majs

**tomate**

tomat

**calabaza**

pumpa

**pepino**

gurka

**zanahoria**

morot

**patata**

potatis

**calabacín**

zucchini

**espinacas**

spenat

**coliflor**

blomkål

**huevo**

ägg

**plato**

tallrik

**cuchara**

sked

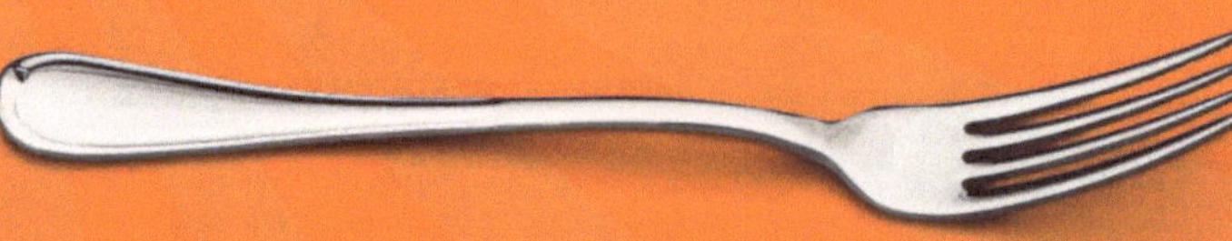

**cuchillo**

kniv

**tenedor**

gaffel

**pastel**

tårta

**biberón**

nappflaska

**caramelos**

godisar

**queso**

ost

**beber**

dricka

**comer**

äta

**caliente**

varmt

**frío**

kallt

**pequeño**

liten

**grande**

stor

 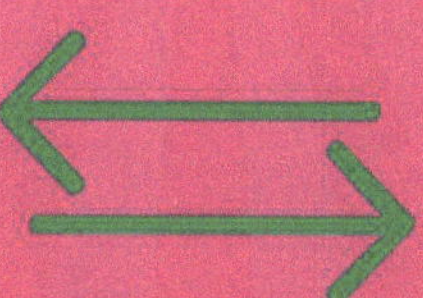 

**corto**

kort

**largo**

lång

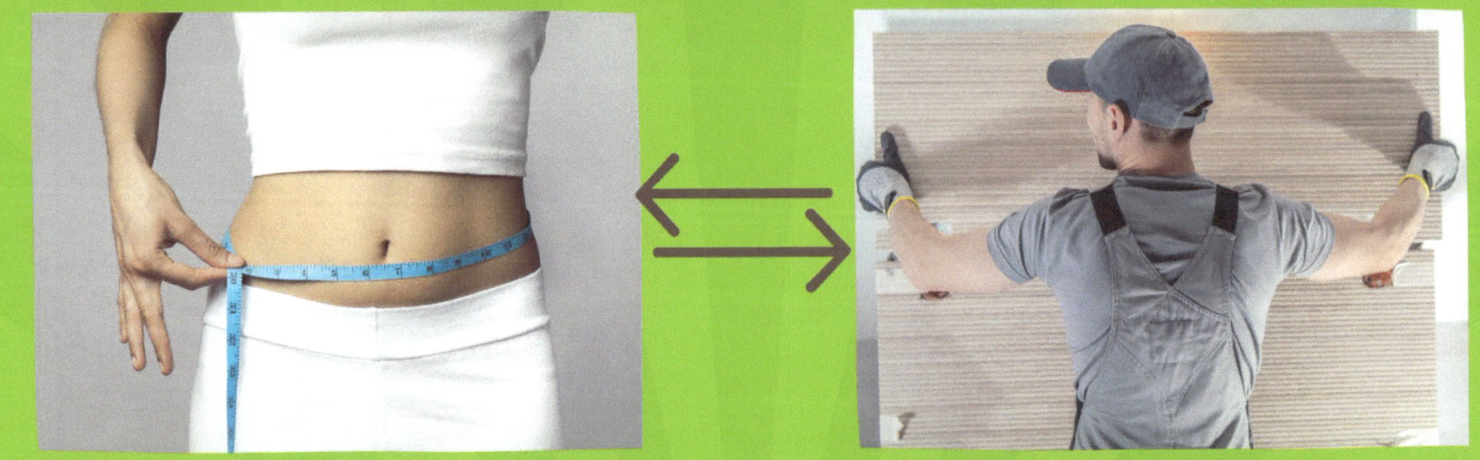

**delgado**

tunn

**grande**

stor

**fácil**

lätt

**difícil**

svår

# levantarse

stå upp

# sentarse

sitta ner

# dulce

söt

# salado

salt

**pesado**

**tung**

**ligero**

**lätt**

**en**

**i**

**fuera**

**utanför**

**sucio**

smutsig

**limpio**

ren

**cerrado**

stängd

**abierto**

öppen

**lápices**

pennor

**reloj**

klocka

**llave**

nyckel

**libro**

bok

**cama**

säng

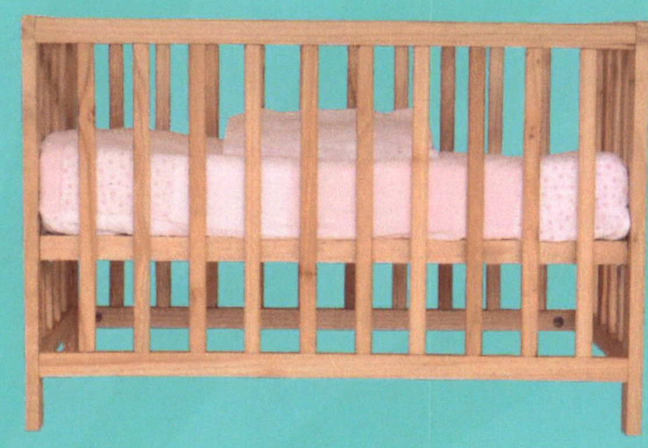

**cuna**

spjälsäng

**mesa**

bord

**silla**

stol

**coche**

**bil**

**bicicleta**

**cykel**

**avión**

flygplan

**barco**

båt

**tren**

tåg

**helicóptero**

helikopter

# camión de bomberos

## brandbil

# bombero

## brandman

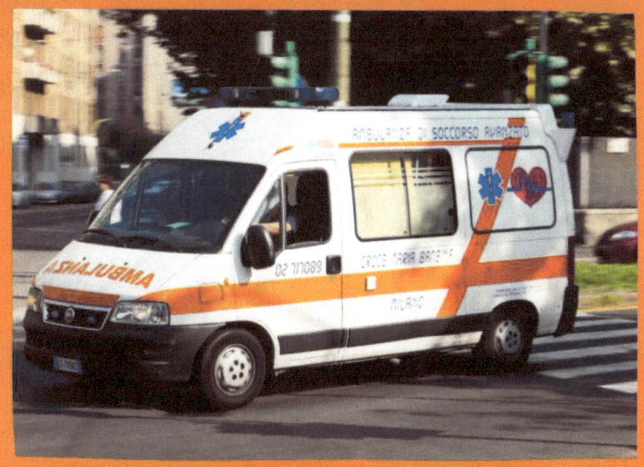

**ambulancia**

ambulans

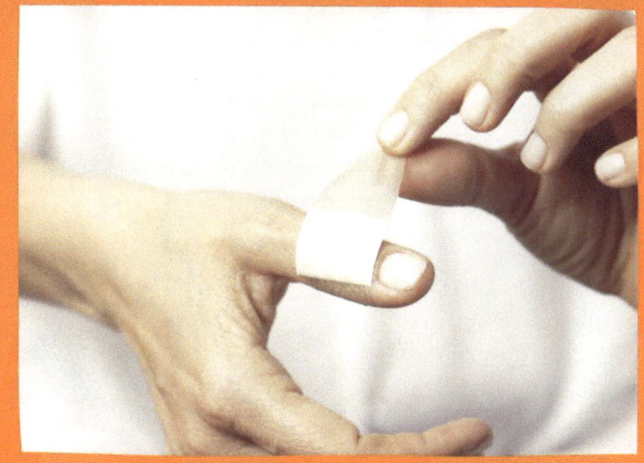

**vendaje**

bandage

**paramédico**

sjukvårdare

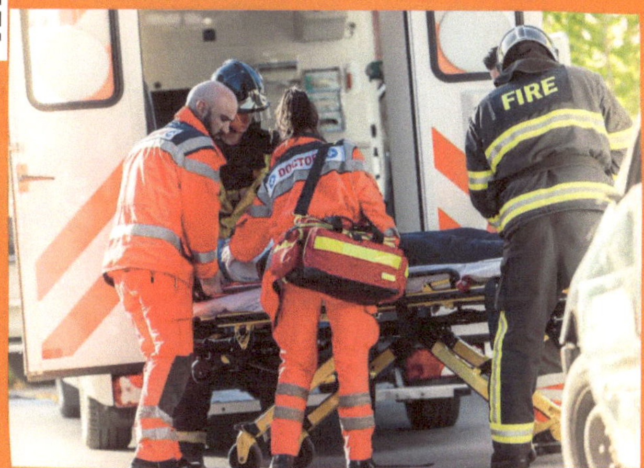

**equipo de rescate**

räddningsstyrka

**bosque**

skog

**montaña**

berg

**hierba**

gräs

**arena**

sand

**árbol**

träd

**flor**

blomma

**mariposa**

fjäril

**hormiga**

myra

**gato**

katt

**perro**

hund

**caballo**

häst

**ratón**

mus

**vaca**

ko

**cerdo**

gris

**oveja**

får

**pato**

anka

**ganso**

gås

**conejo**

kanin

**pez**

fiskar

**veterinario**

veterinär

**doctor**

läkare

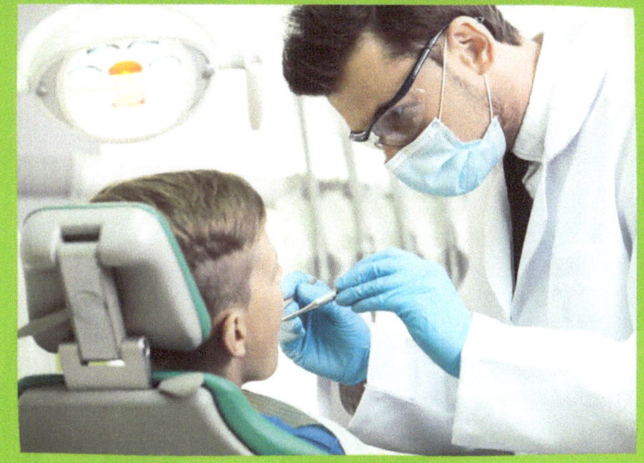

**dentista**

tandläkare

**farmacéutico**

apotekare

**enfermera**

sjuksköterska

**cabeza**

huvud

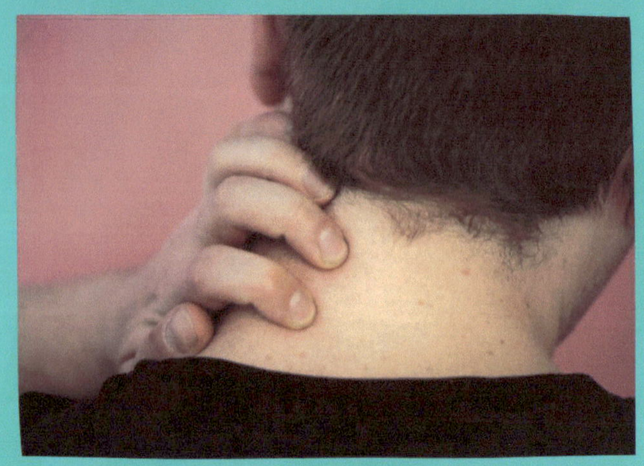

**cuello**

hals

**pie**

fot

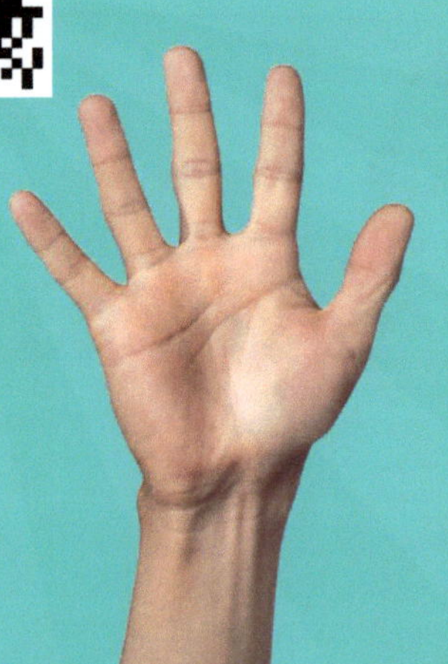

**mano**

hand

**dientes**

tänder

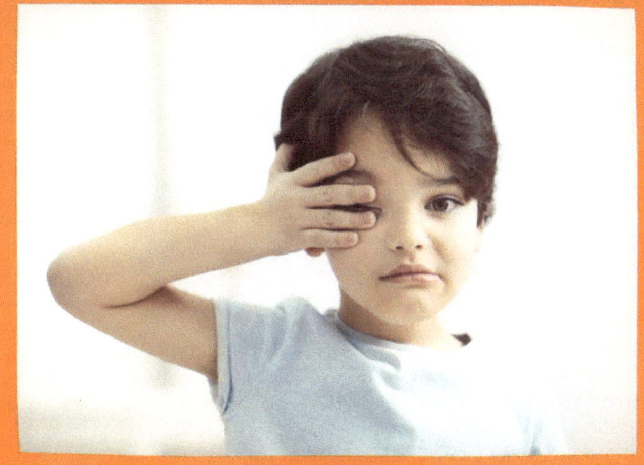

**ojo**

öga

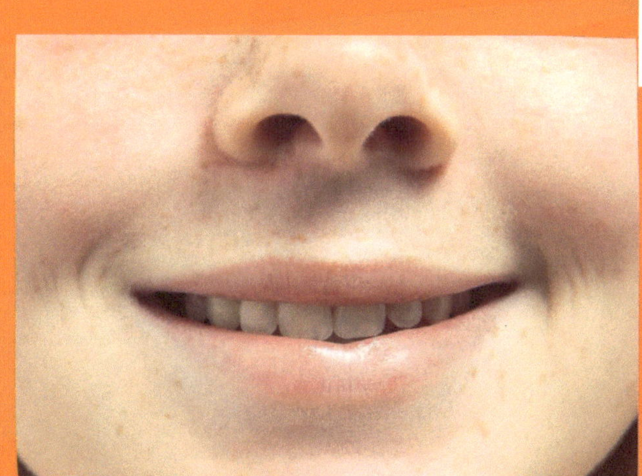

**boca**

mun

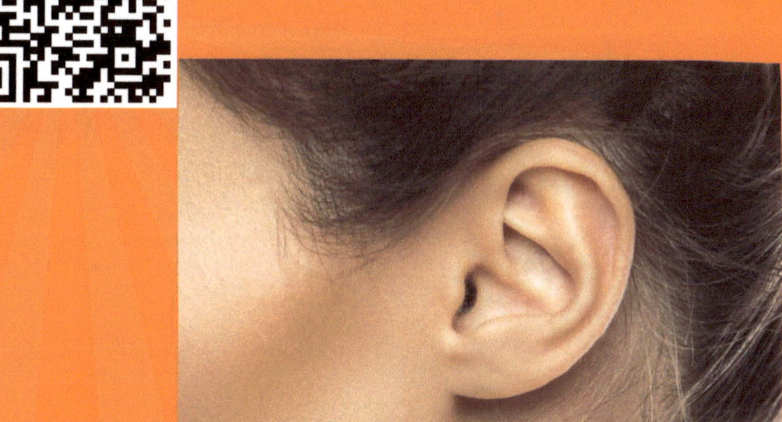

**oreja**

öra

**sombrero**

hatt

**vestido**

klänning

**pantalones**

byxor

**zapatos**

skor

**abrigo**

jacka

**bufanda**

halsduk

**paraguas**

paraply

**gafas**

glasögon

**sol**

sol

**nublado**

molnigt

**lluvioso**

regnigt

**luna**

måne